キッズ生活探検
おはなしシリーズ

つたえよう 言葉と気もち

斉藤洋とキッズ生活探検団
森田みちよ 絵

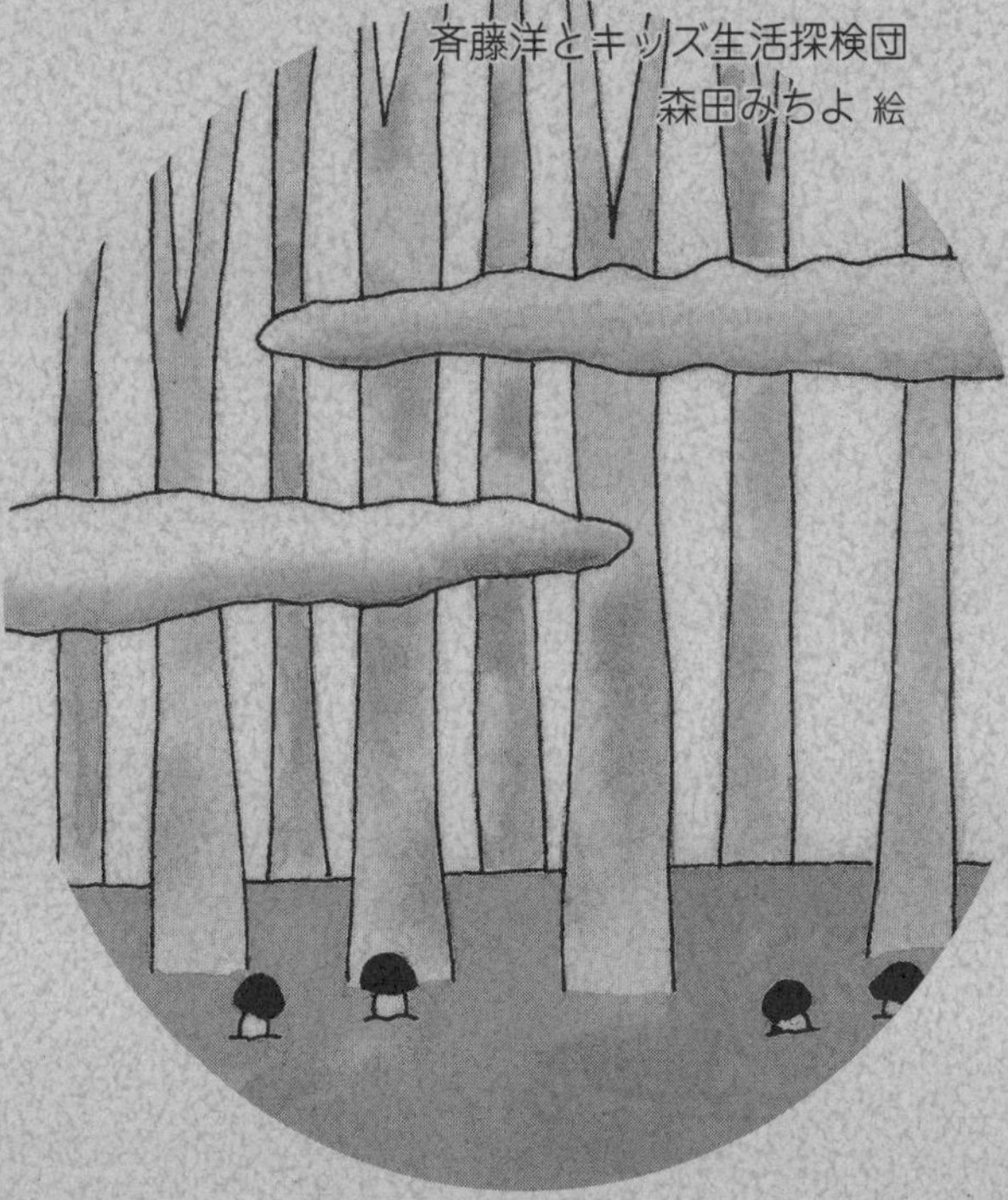

玉川大学出版部

キッズ生活《せいかつ》探検《たんけん》
おはなしシリーズ

つたえよう 言葉《ことば》と気《き》もち

目次《もくじ》

キツネのばけだめし

斉藤洋《さいとうひろし》　作《さく》
森田《もりた》みちよ　絵《え》

ダッポと修行《しゅぎょう》しよう　つたえる術《じゅつ》

キツネのばけだめし

斉藤洋《さいとうひろし》 作《さく》
森田《もりた》みちよ 絵《え》

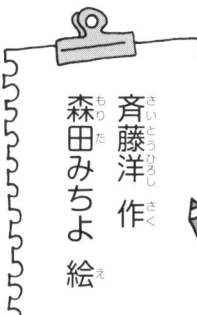

お話《はなし》のまえに

キツネが人間《にんげん》にばけるというのは、ほんとうでしょうか？

ほんとうです！

でも、どんなキツネでもばけるかというと、そういうことではありません。

ばけるキツネもいれば、ばけないキツネもいます。

このお話《はなし》は、ひととおりばけることができるようになった、ダッポという名《な》のキツネが術《じゅつ》をためすために、人間《にんげん》の社会《しゃかい》に出《で》かけていった物語《ものがたり》です。

1　ダッポ、山《やま》をくだる

「ダッポ、卒業《そつぎょう》じゃ。もう、おまえに教《おし》えることはない。あとは、じぶんで術《じゅつ》をみがくのじゃ。そのためには、人間《にんげん》の社会《しゃかい》にいってこなければならない。」

ある朝《あさ》、キツネの師匠《ししょう》は暗《くら》い岩《いわ》あなの中《なか》で、ダッポにそういいました。

五年《ごねん》まえ、ダッポはばける術《じゅつ》を身《み》につけたくて、師匠《ししょう》のもとに弟子入《でしい》りしました。そして、五年間《ごねんかん》の修行《しゅぎょう》ののち、こうして師匠《ししょう》に卒業《そつぎょう》をいいわたされたのです。

ダッポはまず、イヌにばけることからならいました。

ダッポはもともとばける才能《さいのう》があったのか、これは三《さん》か月《げつ》でできるようになりました。動物学的《どうぶつがくてき》にいうと、キツネはイヌ科《か》ですから、もともとイヌに近《ちか》いのです。だから、イヌにばけるのは案外《あんがい》やさしいのです。

でも、イヌになりきるためには、形《かたち》がイヌになればいいというわけではありません。ちゃんとイヌの言葉《ことば》が話《はな》せないと、だめなのです。キツネの言葉《ことば》とイヌの言葉《ことば》ではちがいます。ですから、イヌとあったとき、イヌの言葉《ことば》で話《はな》さず、キツネの言葉《ことば》で話《はな》しては、ばけているのがイヌにばれてしまいます。

ダッポはイヌの言葉《ことば》ができるようになるのに、あと三《さん》か月《げつ》かかりました。

イヌにばけられるようになったあと、人間《にんげん》にばける術《じゅつ》をならいました。これに、四年半《よねんはん》かかったのです。まず、人間《にんげん》の形《かたち》になって、人間《にんげん》のようにうごけるまで二年《にねん》かかり、そのあと、日本語《にほんご》の勉強《べんきょう》に二年半《にねんはん》かかりました。

ちょっといっておくと、師匠《ししょう》が、

「ダッポ、卒業《そつぎょう》じゃ。もう、おまえに教《おし》えることはない。あとは、じぶんで術《じゅつ》をみがくのじゃ。そのためには、人間《にんげん》の社会《しゃかい》にいってこなければならない。」

といったのは、キツネの言葉《ことば》でいったのです。

キツネはばけるときに、とんぼがえりをうちます。

ダッポは、とんぼがえりをうち、人間《にんげん》の商人《しょうにん》にばけると、人間《にんげん》の言葉《ことば》で、

「それでは、お師匠《ししょう》さま。出発《しゅっぱつ》させていただきます！」

といって、岩《いわ》あなを出《で》ていきました。

2 ダッポ、ハイキングのカップルにあう

ダッポが山道《やまみち》をどんどんくだっていくと、わかい男女《だんじょ》のカップルが道《みち》をのぼってきました。

ダッポは、人間《にんげん》のすがたをして、人間《にんげん》のまえに出《で》るのははじめてです。ダッポは心臓《しんぞう》がドキドキしてきました。

ダッポが坂《さか》をくだってくるのが見《み》えたのでしょう。カップルの男《おとこ》のほうが、ダッポに声《こえ》をかけてきました。

「おはようございます！」

ダッポはひとまず、ほっとしました。どうやら、ダッポがキツネだというこ

とはばれなかったようです。

「おはようございます！」

というのは、日本語《にほんご》の朝《あさ》のあいさつだということは、もちろん、ダッポも知《し》っています。

ダッポはあいさつをかえしました。

「キツネの神《かみ》さまがあなたに、よい朝《あさ》をくださいますように！」

ダッポは日本語《にほんご》でそういったのですが、それは、キツネの言葉《ことば》の朝《あさ》のあいさつをそのまま日本語《にほんご》になおしたものでした。

「キツネの神《かみ》さま……？」

と男《おとこ》の人《ひと》がめんくらった顔《かお》をしました。そこで、ダッポはあわてて、

「おはようございます！」

といいなおしました。すると、こんどは、女《おんな》の人《ひと》がダッポにたずねました。

「朝《あさ》から、撮影《さつえい》かなんかですか？」
写真《しゃしん》や映画《えいが》をとることを撮影《さつえい》という、ということはダッポも知《し》っていました。でも、なぜ女《おんな》の人《ひと》がそんなことをたずねるのか、ダッポにはわかりませんでした。

そこで、ダッポは、
「まあ、そんなところです。」
とこたえました。

よくわからないことをいわれたら、そうこたえるようにと、師匠《ししょう》にならったからです。師匠《ししょう》がいうには、人間《にんげん》に話《はな》しかけられて、何《なに》もへんじをしないと、へんなやつだと思《おも》われ、キツネだということがばれてしまうことがあるそうです。

「やっぱり、映画《えいが》をとってるのよ。見《み》ていきましょうよ。」

女《おんな》の人《ひと》がそういうと、男《おとこ》の人《ひと》はうなずきました。

「そうだね。そうしようか。いっしょにいっていいですか。」

なんだかわかりませんが、ぐあいの悪《わる》いことになってきました。

ダッポは、

「いえ。ちょっといそぎますので、失礼《しつれい》します。」

といって、あとはうしろも見《み》ないで、山道《やまみち》を早足《はやあし》でおりていきました。

やはり、そのせりふも師匠《ししょう》にならったものです。

だれかとあって、早《はや》くわかれたいとき、そのようにいうといいらしいのです。

だまって、走《はし》りさると、へんなやつだと思《おも》われ、やはり、キツネだということがばれてしまうことがあるみたいです。

ところが、それから山道《やまみち》をくだっていくと、ダッポは何度《なんど》も人間《にんげん》とすれちがい、そのたびに、

「撮影《さつえい》ですか?」

ときかれたのです。

そこで、ダッポは、わけがわからないままに、きっとこれは、ばけかたに問《もん》題《だい》があるのだろうと思《おも》い、べつの人間《にんげん》にばけなおすことにしました。

ダッポはとんぼがえりをうって、最初《さいしょ》にであったカップルの男《おとこ》の人《ひと》とおなじすがたになりました。

すると、それからは、すれちがう人《ひと》に、

「撮影《さつえい》ですか?」

ときかれることはなくなりました。

どうして、ダッポとすれちがう人間《にんげん》はみんな、そんなことをいったのでしょう。

それは、ダッポが江戸時代《えどじだい》の商人《しょうにん》のかっこうをしていたからです。

ダッポの師匠《ししょう》のキツネの岩《いわ》あなには、じつをいうと、電気《でんき》もきているし、ほとんどの電気製品《でんきせいひん》はそろっています。もちろん、テレビだってうつります。ダッポの師匠《ししょう》は時代劇《じだいげき》が大好《だいす》きで、時代劇《じだいげき》しか見《み》ません。ですから、ダッポもそれを見《み》て、人間《にんげん》にばけるときはいつも、髪《かみ》はちょんまげで、江戸時代《えどじだい》の着物《きもの》になっていたのです。

3 ダッポ、マツタケを売《う》る

そうそう、人間《にんげん》にばけるためには、ばけることにはあまり関係《かんけい》なさそうな、それでいて、だいじな修行《しゅぎょう》がひとつあります。それは、マツタケさがしです。

なぜ、マツタケさがしがだいじなのでしょうか？

ここで思《おも》い出《だ》してほしいのは、師匠《ししょう》の岩《いわ》あなには、ほとんどの電気製品《でんきせいひん》がそろっているということです。それではいったい、ダッポの師匠《ししょう》はそういう電気製品《でんきせいひん》をどこで手《て》に入《い》れたのでしょう？

もちろん、電気屋《でんきや》さんでです。

それなら、ダッポの師匠《ししょう》はどうやって、お金《かね》を手《て》に入《い》れたのでしょう？

昔《むかし》は、木《き》の葉《は》をお金《かね》にかえて、それで買《か》い物《もの》をしたものでした。でも、今《いま》はちがいます。

あるとき、ダッポの師匠《ししょう》は、木《き》の葉《は》をいろいろなものにかえる術《じゅつ》をダッポに教《おし》えてから、こういいました。

「よいか、ダッポ。木《き》の葉《は》を人間《にんげん》の金《かね》にかえてはいかん。こちらの力《ちから》にもよるが、木《き》の葉《は》でつくった金《かね》は、早《はや》ければ半日《はんにち》、おそくても、数日《すうじつ》で木《き》の葉《は》にもどってしまう。もし、わしが電気屋《でんきや》さんでパソコンを買《か》って、木《き》の葉《は》でつくった金《かね》で、代金《だいきん》をはらったらどうなる？　電気屋《でんきや》さんがうけとった金《かね》は木《き》の葉《は》にもどってしまう。それでは、こちらがどろぼうしたのとおなじじゃ。人間《にんげん》にばけて、ちょっといたずらをするくらいはよいが、どろぼうはいかん。このごろでは、人間《にんげん》たちがこちらに鉄砲《てっぽう》をぶっぱなしてくることはめったにない。だから、こちらも、人間《にんげん》から、どろぼうなどしてはいけないのじゃ。人間《にんげん》からものを買《か》うときは、ほんものの金《かね》をつかわねばならん。」

じつをいうと、ダッポの師匠《ししょう》は山《やま》でマツタケをさがし、それを人間《にんげん》に売《う》っているのです。マツタケはとても高《たか》く売《う》れますから、ダッポの師匠《ししょう》が何日《なんにち》か山《やま》でマツタケとりをすれば、最新型《さいしんがた》のパソコンだって買《か》えてしまいます。

そんなわけで、ばける修行《しゅぎょう》には、マツタケさがしが入《はい》っているのです。

山《やま》をくだりながら、ダッポはマツタケを十本《じっぽん》さがしました。そして、道《みち》がほそう道路《どうろ》にぶつかったあたりで、木《き》の葉《は》をひろい、それを台《だい》にかえて、そこにマツタケをならべました。

台《だい》には屋根《やね》があり、そこには、〈とれたてのマツタケあります。格安《かくやす》です！一本五百円《いっぽんごひゃくえん》。〉と書《か》かれています。

ダッポの師匠《ししょう》は一本千円《いっぽんせんえん》で売《う》ります。それで、ダッポはその半分《はんぶん》の五百円《ごひゃくえん》にしたのです。

やがて、車《くるま》が一台《いちだい》、坂《さか》をのぼってきて、とまりました。そして、男《おとこ》の人《ひと》がおりてきました。

「このマツタケ、このへんでとれたのかい？」

男《おとこ》の人《ひと》にたずねられ、ダッポは、

「はい。」

とこたえました。

男《おとこ》の人《ひと》はちらりと屋根《やね》を見《み》あげてから、いいました。

「ほんとうに一本五百円《いっぽんごひゃくえん》かい。」

ダッポはもういちど、

「はい。」

とこたえ、大《おお》きくうなずきました。すると男《おとこ》の人《ひと》は、

「一本五百円《いっぽんごひゃくえん》とは安《やす》いね。ぜんぶ、いただこう。」

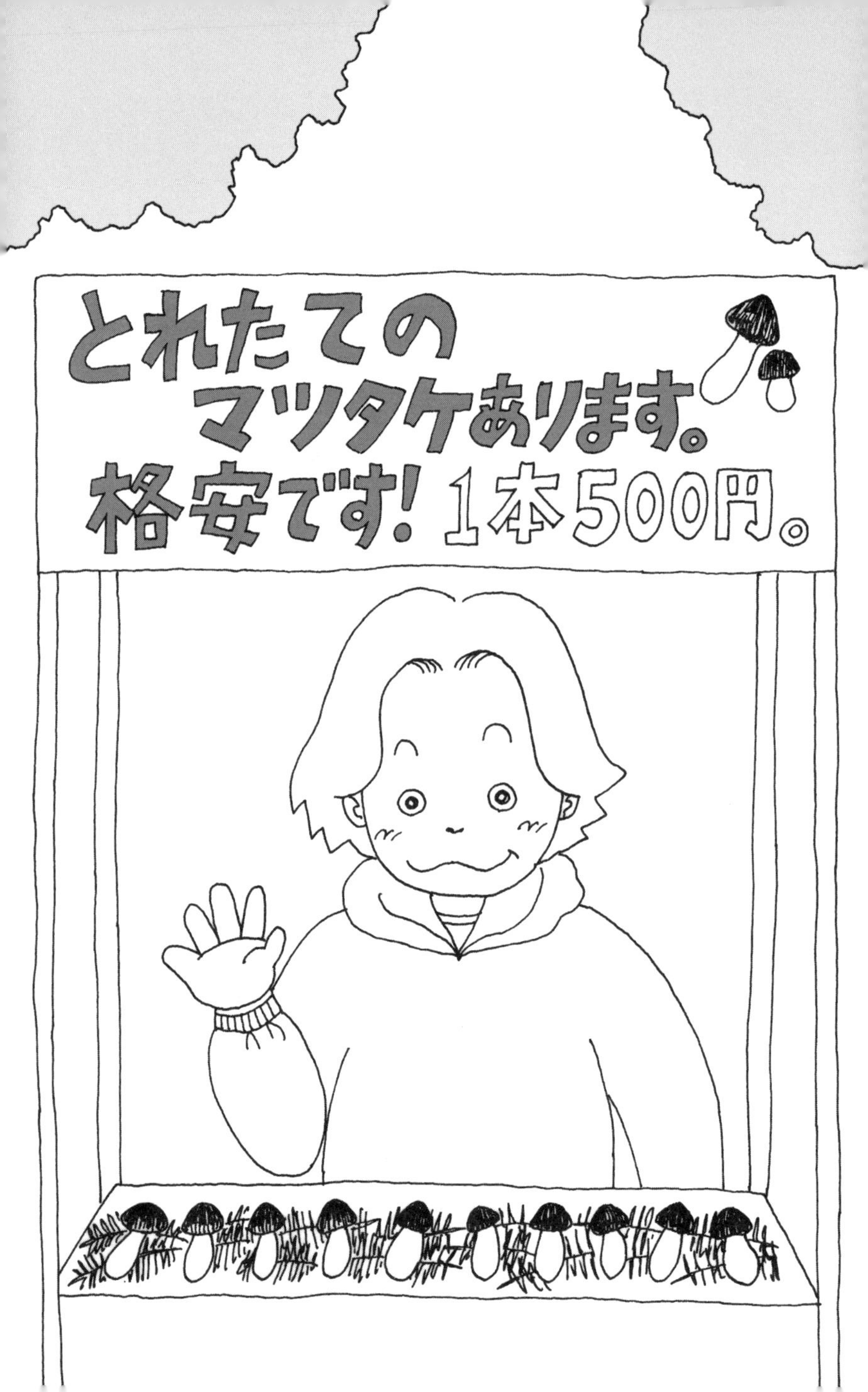
とれたての
マツタケあります。
格安です! 1本500円。

といって、ダッポに千円札《せんえんさつ》を五《ご》まいわたしました。

「それでは、マツタケをぜんぶもっていってください。台《だい》も、もっていってていいですが、台《だい》についていては、責任《せきにん》がもてません。」

ダッポは、マツタケが木《き》の葉《は》でつくったにせものだと思《おも》われてはざんねんなので、ものすごくまじめな顔《かお》になって、そういいのこすと、台《だい》の上《うえ》にマツタケをおいたまま、ほそう道路《どうろ》をくだっていきました。

とちゅう、ふりむいてみると、マツタケを買《か》った男《おとこ》の人《ひと》が首《くび》をかしげて、こちらを見《み》ていました。

ダッポはとっさに、じぶんのおしりに手《て》をやりました。

ひょっとして、ばけそこなって、おしりからしっぽが出《で》ているのかもしれないと思《おも》ったからです。

でも、おしりからしっぽは出《で》ていませんでした。

しっぽじゃないとしたら、なんかへんなこと、いっちゃったかな……。

ダッポは思《おも》いました。

台《だい》のことをいったのがへんだったのかもしれない。どうせ、台《だい》はしばらくしたら、木《き》の葉《は》にもどってしまうんだから、ほうっておけばいいんだ。もっていってもいいけど、責任《せきにん》はとれないなんて、よけいなことはいわないほうがよかったかもしれないなあ……。

4　ダッポ、ハンバーガーショップにいく

ダッポは坂道《さかみち》をくだりつづけ、おひるごろ、ようやく大《おお》きな町《まち》にたどりつきました。

町《まち》に入《はい》ると、車《くるま》や人《ひと》の数《かず》が多《おお》くなります。けれども、ダッポはおどろきません。人間《にんげん》の町《まち》がどんなふうだか、ダッポはだいたい知《し》っているからです。

ダッポは師匠《ししょう》の岩《いわ》あなのテレビで時代劇《じだいげき》しか見《み》ませんが、テレビにはコマーシャルもうつります。それを見《み》て、ダッポは町《まち》のようすや、人間《にんげん》がどういう服《ふく》を着《き》ているかも、知《し》っていました。けれども、なにしろ時代劇《じだいげき》をしょっちゅう見《み》ているので、ダッポにとっては、現代《げんだい》の洋服《ようふく》より江戸《えど》時代《じだい》の着物《きもの》のほ

うがなじみがあるのです。だから、最初《さいしょ》、江戸時代《えどじだい》の商人《しょうにん》にばけてしまったのです。

町《まち》に入《はい》るとすぐ、ダッポはものかげで、スーツすがたの男《おとこ》にばけました。上着《うわぎ》のうちポケットには、千円札《せんえんさつ》が五《ご》まい入《はい》っています。

さて、どこへいこうかな……。

そう思《おも》ったとき、何《なに》やらいいにおいがただよってきました。においのくるほうに目《め》をやると……。

そこには、ハンバーガーショップがありました。

ダッポはハンバーガーショップに入《はい》っていきました。

おひるどきで、お店《みせ》の中《なか》は、こんでいます。

ダッポは列《れつ》のいちばんうしろにならびました。

やがて、順番《じゅんばん》がきて、お店《みせ》の人《ひと》がダッポに声《こえ》をかけてきました。

そこで、ダッポが、

「ハンバーガーをひとつください。」

といおうとすると、それより早《はや》く店《みせ》の人《ひと》が、

「いらっしゃいませ。何《なに》にいたしましょう。ただいま、秋《あき》のあきるまで食《た》べよう、オータム、おお食《た》べフェア中《ちゅう》です。いかがでしょう。特製五段《とくせいごだん》チーズバーガーとポテトの特大《とくだい》エンペラーサイズ、それにコーラの一《いち》リットル特製《とくせい》ペットボトルのセットで、お買《か》いどく価格《かかく》、八百円《はっぴゃくえん》でサービス中《ちゅう》です！」

と早口《はやくち》でいいました。それでつい、ダッポは、

「じゃ、それにします……。」

と、よく考《かんが》えもせずに、いってしまいました。

するとすぐに、ダンボールの皿《さら》にのった、五段《ごだん》がさねのチーズバーガーと、紙《かみ》のバケツにてんこもりに入《はい》ったポテト、それからコーラの一《いち》リットルペットト

オータム
おお食べフェア
COLA
POTATO

ボトルが出《で》てきました。

ダッポは上着《うわぎ》のうちポケットから千円札《せんえんさつ》を一《いち》まい出《だ》し、それをわたして、二百円《にひゃくえん》のおつりをもらいました。それから、そこにならべられたチーズバーガーのセットをかかえ、店《みせ》のおくのカウンター席《せき》にいき、なんとかぜんぶたいらげました。けれども、食《た》べおわったときには、おなかがぱんぱんになっていました。

ダッポがおなかをさすりながら、お店《みせ》を出《で》るとき、だれかがうしろから、

「ありがとうございましたーっ！　また、おいでくださーい！」

と声《こえ》をかけてきました。

ふりむくと、お店《みせ》の人《ひと》がにこにこわらっています。

ダッポは、五段《ごだん》がさねのチーズバーガーにしないで、ふつうのをひとつにしておけばよかったと後悔《こうかい》していたところでしたが、お店《みせ》の人《ひと》の声《こえ》とえがおで、

まあ、いいか、という気《き》になってきました。

　そこで、ダッポは、

「ごちそうさま……。」

といって、店《みせ》を出《で》ました。ところが、そのときになって、ダッポは、もしかして……、と思《おも》いました。

　もしかして、マツタケを買《か》った男《おとこ》の人《ひと》が首《くび》をかしげて、こちらを見《み》ていたのは、ダッポがえがおで、

「ありがとうございました。またおいでください。」

といわなかったからじゃないだろうか……。

　それから、もうひとつ、マツタケをもってかえりやすいように、つぎからは、木《き》の葉《は》ではこをつくって、そこに入《い》れたほうがいいかもしれない、とも思《おも》いました。

こんど、マツタケを売《う》るときには、にこにこしながら、はこに入《はい》ったマツタケを手《て》わたしながら、

「ありがとうございましたーっ！　またおいでくださーい！」

といってみよう。

そうはいっても、マツタケを買《か》った人《ひと》がまたきても、そこには、木《き》の葉《は》にもどった台《だい》しかのこっていませんが……。

5 ダッポ、イヌにほえられる

ダッポが町《まち》にきたのは、じぶんのばける術《じゅつ》が人間《にんげん》の社会《しゃかい》で通用《つうよう》するかどうかをたしかめるのがいちばんの目的《もくてき》ですが、じつをいうと、もうひとつすることがあります。そのことのために、ダッポは大《おお》きなスーパーマーケットかデパートにいかねばなりませんでした。

そこで、ダッポは自転車《じてんしゃ》でパトロールをしていたおまわりさんに、

「近《ちか》くに、スーパーマーケットかデパートはありませんか？」

とききいてみました。

「それなら、この道《みち》をまっすぐ二百《にひゃく》メートルほどいったところに、スーパー

があります。それから、デパートは駅前《えきまえ》ですね。駅《えき》は三《みっ》つめの信号《しんごう》を右《みぎ》にまがって、そこから二《に》キロほどさきにあります。ここからだったら、バスでいったほうがいいかもしれませんね。」

おまわりさんがそう教《おし》えてくれたので、ダッポはまず近《ちか》くのスーパーマーケットにいってみることにしました。それで、道《みち》をまっすぐに歩《ある》きだしたのですが、一《いっ》けんの本屋《ほんや》さんのまえをとおりがかったところ、街灯《がいとう》につながれていたイヌがいきなりほえてきたのです。

「ウワワワン！　ウオンババワワバエガー！　ウガグガバオバー！」

かたかなで書《か》くとこうなるのですが、じつはこれはイヌの言葉《ことば》で、

「あやしい！　おまえはキツネだなーっ！　においでわかるぞ！」

といったのです。

とっさに、ダッポはイヌの言葉《ことば》でいいかえしました。

BOOKS

「ウガガワワワ！　ウオンババウガエガー！　ガガグガバオバー！」

　これはイヌの言葉《ことば》で、

「あやしくない！　おまえはイヌだなーっ！　見《み》ればわかるぞ！」

という意味《いみ》です。

〈売《う》り言葉《ことば》に買《か》い言葉《ことば》〉という言葉《ことば》があります。

「これ五百円《ごひゃくえん》で買《か》いませんか。」

が売《う》り言葉《ことば》で、

「いいでしょう。買《か》います。」

が買《か》い言葉《ことば》……というわけではありません。

　らんぼうないいかたで何《なに》かいわれたときに、らんぼうにいいかえすという意《い》味《み》です。

　いきなりイヌ語《ご》でいいかえされ、イヌはあっけにとられて、だまってしまいました。そのすきに、ダッポは早足《はやあし》でその場《ば》から立《た》ちさったのです。

イヌが見《み》えなくなってから、ダッポは反省《はんせい》しました。

イヌにしてみれば、あやしいやつを見《み》つけるのがしごとのようなものだし、じぶんはつながれているのに、人間《にんげん》にばけたキツネがたのしそうに散歩《さんぽ》をしているのを見《み》て、しゃくにさわったのかもしれない。あんなふうに、きつくいいかえさなければよかったなあ……。

6　ダッポ、スーパーマーケットにいく

ダッポはスーパーマーケットにやってきました。五階《ごかい》だての、大《おお》きなスーパーです。入口《いりぐち》で案内板《あんないばん》を見《み》ると、紳士用品売り場《しんしようひんうりば》は三階《さんかい》です。ダッポは手《て》ぶくろを買《か》いにきたのです。ダッポはうごく階段《かいだん》、つまりエスカレーターに、はじめて乗《の》りました。見《み》わたすと、ずいぶん広《ひろ》いお店《みせ》です。

お店《みせ》といえば、ダッポは師匠《ししょう》から、こんな話《はなし》をきいたことがあります。

それは師匠《ししょう》がまだ子《こ》ギツネで、ばけることなどできなかったころだというから、だいぶ昔《むかし》のことです。

師匠《ししょう》は、みそというものを一度《いちど》食《た》べてみたいと思《おも》いました。そこで、マツ

タケを一本《いっぽん》とって、町《まち》に出《で》かけていきました。おみそ屋《や》さんにしのびこんで、みそをひとなめし、お金《かね》のかわりに、マツタケをおいてこようと思《おも》ったのです。おみそ屋《や》さんのまえまでいくと、戸《と》が少《すこ》しだけあいていました。師匠《ししょう》は戸《と》のすきまから、中《なか》をのぞきました。うまいぐあいに、だれもいません。

師匠《ししょう》は店《みせ》にしのびこみ、ふたのあいているみそだるを見《み》つけました。そこで、師匠《ししょう》はたるのそばにマツタケをおくと、前足《まえあし》をたるのふちにかけて、みその中《なか》に首《くび》をつっこみました。ところが、みそをひとなめして、これはおいしい！　と思《おも》ったとき、だれかが外《そと》から入《はい》ってきました。

にげるには、もうまにあいません。こうなったら、うごかないほうがいいと思《おも》い、師匠《ししょう》は体《からだ》をまるめて、じっとしていました。

店《みせ》に入《はい》ってきた人間《にんげん》は師匠《ししょう》のすぐそばまでくると、

「あれ？　こんなところにマツタケがある。おいしそうだな。」

といって、マツタケをひろい、店《みせ》のおくにいってしまいました。そこにいる師《し》匠《しょう》には気《き》づかなかったようなのです。

人間《にんげん》がいってしまうと、師匠《ししょう》は店《みせ》を走《はし》りでて、山《やま》にかけもどりました。

そのとき、どうも走《はし》りにくいとは思《おも》ったのですが、池《いけ》のほとりをとおりがかったとき、水《みず》にうつったじぶんのすがたを見《み》て、師匠《ししょう》はおどろきました。

なんと、じぶんのすがたがみそだるになっているではありませんか！

それで、師匠《ししょう》は、じぶんでも気《き》づかないうちに、店《みせ》の中《なか》で、みそだるにばけていて、人間《にんげん》に見《み》つからなかったというわけです。そのかわり、体《からだ》がもとにもどるまで、それから三日《みっか》もかかったそうです。

その話《はなし》をきいたとき、ダッポは、名人《めいじん》というのは、だれにもならわなくても、ばけることができるようになるんだなあ……と、しみじみ思《おも》ったものです。

さて、三階《さんかい》にやってきたダッポは手《て》ぶくろ売《う》り場《ば》にやってきました。

なぜ、ダッポは手《て》ぶくろを買《か》いにきたかというと、それは師匠《ししょう》にプレゼントをするためです。

まもなく冬《ふゆ》がきます。冬《ふゆ》、キツネが人間《にんげん》にばけるとき、いちばんつらいのが、顔《かお》と手《て》の寒《さむ》さです。キツネは顔《かお》と手《て》に毛《け》がはえてますから、北風《きたかぜ》があたっても、さほどつらくはありません。でも、人間《にんげん》は？　中《なか》にはひげもじゃの男《おとこ》の人《ひと》や、毛《け》ぶかい人《ひと》もいますが、人間《にんげん》の顔《かお》と手《て》には、キツネほど毛《け》がはえていません。ですから、顔《かお》や手《て》に北風《きたかぜ》があたると、ものすごく寒《さむ》いのです。

ダッポの師匠《ししょう》は冬《ふゆ》に人間《にんげん》にばけて、何日《なんにち》かどこかにいってくると、かえりにはいつも、手《て》にあかぎれができています。だから、ダッポは師匠《ししょう》に毛糸《けいと》の手《て》ぶくろをプレゼントしたいのです。

予算《よさん》は四千二百円《よんせんにひゃくえん》です。

目《め》のまえにならんでいる毛糸《けいと》の手《て》ぶくろはほとんどが三千円以下《さんぜんえんいか》で、どれをえらんでも買《か》えそうです。

青《あお》いの、黒《くろ》いの、茶色《ちゃいろ》いの、しまのあるもの、星《ほし》のもようがあるもの……、いろいろな手《て》ぶくろがあって、まよってしまいます。

ダッポはあたりを見《み》まわしました。

すると、店員《てんいん》さんがひとりいました。

ダッポは、

「すみませーん！」

といって、店員《てんいん》さんにむかって、手《て》をふりました。

すると、どういうわけか、店員《てんいん》さんは、ドキッとしたように胸《むね》をそらせてから、こちらにやってきました。

「なにか、おさがしかね？」

店員《てんいん》さんにそういわれ、ダッポはこたえました。

「手《て》ぶくろをプレゼントしようと思《おも》うのですが、どれにしたらいいか、わからないんです。いっしょに、えらんでいただけませんか？」

「なるほど、では、ちとたずねるが、あいての年《とし》はいくつくらいかの？」

「たしか、五百歳《ごひゃくさい》くらいだと……。」

とあやうくいいかけて、ダッポは、

「たしか、五十歳《ごじっさい》くらいだと思《おも》います。」

といいなおしました。

ダッポの師匠《ししょう》はじつは、とっくに五百歳《ごひゃくさい》をこえているのです。術《じゅつ》を身《み》につけたキツネはとほうもなく長生《ながい》きなのです。

「なるほど、五十歳《ごじっさい》ね。では、これがいいと思《おも》うぞ。この黒《くろ》いのが！　予算《よさん》もぴったりではないかの？」

店員《てんいん》さんは、黒《くろ》い無地《むじ》の手《て》ぶくろを手《て》にとって、ダッポにわたしました。

値札《ねふだ》には〈二千八百円《にせんはっぴゃくえん》〉とあります。

「じゃあ、これにします。」

ダッポがそういうと、店員《てんいん》さんは、

「それでは、お会計《かいけい》はレジでの。プレゼント用《よう》といえば、きれいにつつんで、リボンもかけてくれるぞ。」

といいのこし、どこかにいってしまいました。

ダッポは黒《くろ》い無地《むじ》の手《て》ぶくろをレジにもっていき、千円札《せんえんさつ》を三枚出《さんまいだ》し、二百円《にひゃくえん》のおつりをもらいました。そして、手《て》ぶくろをプレゼント用《よう》につつんでもらい、リボンをかけてもらって、スーパーを出《で》たのでした。

黒《くろ》い手《て》ぶくろは、師匠《ししょう》に気《き》にいってもらえそうです。

ダッポは、店員《てんいん》さんにそうだんしてよかったと思《おも》いました。

７　ダッポ、おまつりにいく

スーパーから外《そと》に出《で》たダッポが、そろそろ山《やま》に帰《かえ》ろうかなと思《おも》ったときでした。どこからともなく、ピーヒャラ、ドンドン、ふえとたいこの音《おと》がきこえてきました。

ダッポは音《おと》のするほうに歩《ある》きだしました。

音《おと》は大《おお》きな神社《じんじゃ》からきこえていたのです。

おまつりです！　秋《あき》まつりをやっているのです。

ダッポはとりいをくぐり、神社《じんじゃ》に入《はい》っていきました。すると、そろいのはっぴを着《き》た男《おとこ》たちが六人《ろくにん》集《あつ》まって、何《なに》やらさわいでいます。

バナナ
りんごあめ
たこ焼き
稲荷
稲荷大
稲荷
祭礼
祭礼
祭礼
祭礼
祭礼
祭礼

「こんなだいじな日《ひ》にかぜをひくなんて、なってない！」

「そうだ、そうだ。根性《こんじょう》がないから、そういうことになるんだ！」

「いったいどうするんです、会長《かいちょう》？」

みな、口《くち》ぐちにそんなことをいっています。

その中《なか》のひとり、いちばん年上《としうえ》らしい男《おとこ》が手《て》に大《おお》きなうちわをかかえ、

「どうするったって、まさか、熱《ねつ》が三十九度《さんじゅうくど》もあるのに、みこしをかつげとはいえんだろうが……。」

というと、まわりの男《おとこ》たちは、

「まあ、そりゃあそうだけど……。」

といって、ためいきをついたりしています。

いったいなんだろうと、ダッポは思《おも》い、そっと近《ちか》づくと、うちわをかかえた男《おとこ》と目《め》があってしまいました。

男《おとこ》はぱっと顔《かお》を明《あか》るくしたかとおもうと、ダッポに声《こえ》をかけてきました。

「おおい、そこの人《ひと》！　あんただよ、あんた。背広《せびろ》をきて、ほら、手《て》にスーパーの袋《ふくろ》をもっている人《ひと》！　あんただ！」

「わたしですか？」

ダッポがじぶんの顔《かお》を指《ゆび》さすと、男《おとこ》はうちわを木《き》にたてかけて、ダッポのほうに歩《ある》いてきて、こういったのです。

「知《し》っているかもしれんが、毎年《まいとし》、この神社《じんじゃ》では、〈みこしかつぎハッピーはっぴ八人《はちにん》コンテスト〉がおこなわれているのだよ。これは、そろいのはっぴを着《き》て、みこしをかつぎ、境内《けいだい》をねりあるくものなんだ。ここにいるのは町の書店連合会《しょてんれんごうかい》の者《もの》たちで、わたしは会長《かいちょう》だ。今年《ことし》は、こうしてうきよ絵《え》の波《なみ》をあしらったはっぴで出場《しゅつじょう》するつもりなんだが、ふたりばかり、かぜをひいて、ねこんでしまったのだよ。あんた、かわりに出《で》てくれんかね。なに、わしらと

祭

おなじはっぴを着《き》て、みなにあわせ、わっしょい、わっしょい、みこしをかついでくれさえすればいい。ほんの十五分《じゅうごふん》か二十分《にじっぷん》ですむから。規則《きそく》では、かつぎ手《て》が七人《しちにん》、うちわのおんどとりがひとり、ぜんぶで八人《はちにん》、ひとりでも多《おお》すぎたり、足《た》りなかったりしたらだめなんだ。ちょっと、てつだってくれんかね。」

話《はなし》をきけば、なんだかおもしろそうです。

ダッポがひきうけようとすると、おなじはっぴを着《き》てそこにいたわかい男《おとこ》が会長《かいちょう》にいいました。

「だけど、会長《かいちょう》。この人《ひと》がてつだってくれても、あとひとり足《た》りませんよ。かぜをひいて、ねこんでいるのはふたりなんですから。」

それをきいて、ダッポはいいはなちました。

「だいじょうぶ。すぐ近《ちか》くに、友《とも》だちがひとりきているんです。ふたりでてつだいます。でも、ひとつおねがいがあるんです。わたしと友《とも》だちはなかがすごくいいので、はなれないで、おみこしをかつぎたいんです。」

「そんなの、おやすいごようだ。それじゃ、みこしのうしろをふたりでならんでかついでくれ。」

会長《かいちょう》はそういって、そばにあったかばんの中《なか》から、はっぴを二《に》まい出《だ》し、それをダッポにわたしました。

「それじゃあ、ちょっと着《き》がえてきます。すぐにもどってきます。」

ダッポはそういって、神社《じんじゃ》のうらてのほうに走《はし》っていきました。

8　ダッポ、おみこしをかつぐ

書店連合会《しょてんれんごうかい》の六人《ろくにん》が待《ま》っていると、五分《ごふん》もしないうちに、ふたりの青年《せいねん》がはっぴを着《き》て、やってきました。もちろん、ダッポがばけているのです。

「おお、きたか、きたか。まもなく、わしらの番《ばん》だ。そろそろいこうか。」

会長《かいちょう》がそういって、歩《ある》きだしました。

ダッポがうしろからついていくと、神社《じんじゃ》の広《ひろ》い中庭《なかにわ》に、いくつものおみこしが台《だい》にのって、おいてありました。

「あれが、わしらのみこしだ。」

会長《かいちょう》はそういって、ひとつのおみこしのそばに立《た》ちどまりました。そして、

祭

ダッポにいいました。

「わしがうちわをふって、『そーれ！』とかけ声《ごえ》をかけたら、あんたたちはほかの五人《ごにん》と声《こえ》をあわせ、『わっしょい、わっしょい、わっしょい！』と、『わっしょい！』を四度《よんど》いって、みこしをあげたりさげたりしながら、中庭《なかにわ》をねりあるくのだ。『そーれ！』といわれたら、『わっしょい！』を四《よん》回《かい》こたえるのだ。あいさつとおなじで、きまりきったかけ声《ごえ》だが、これをやらないと、気《き》もちがひとつにならない。気《き》もちがひとつにならなければ、賞《しょう》はとれないからな。かけ声《ごえ》は気《き》もちをひとつにするんだよ。」

やがて、ふえがなって、書店連合会《しょてんれんごうかい》の番《ばん》になりました。

「そーれ！」

会長《かいちょう》がうちわをふって、中庭《なかにわ》におどりでました。

「わっしょい、わっしょい、わっしょい、わっしょい！」

七人《しちにん》のかつぎ手《て》たちが、かけ声《ごえ》をあわせて、会長《かいちょう》につづきます。

「そーれ！」

「わっしょい、わっしょい、わっしょい、わっしょい！」

ふえがなり、書店連合会《しょてんれんごうかい》のおみこしかつぎがおわりました。

ダッポはそっとその場《ば》をはなれ、だれもいないところで、もとのスーツすがたになって、もどってきました。

まもなく、結果《けっか》が発表《はっぴょう》されました。

なんと、出場《しゅつじょう》十六組《じゅうろっくみ》のうち、書店連合会《しょてんれんごうかい》は三位《さんい》になり、八人《はちにん》ぜんいんに、銅《どう》メダルがくばられたのです。

「いやあ、おかげで、たすかったよ。もうだめかと思《おも》ったのに、三位《さんい》になって、これもみんな、あんたとあんたのお友《とも》だちのおかげだよ。」

会長《かいちょう》はそういいました。

「どうもありがとうございました。わたしもすごくたのしかったです。」

ダッポがはっぴを二《に》まいかえしながら、そうこたえると、会長《かいちょう》はあたりを見《み》まわして、たずねました。

「ところで、お友《とも》だちはどこにいったのだね？」

「ようじがあるので、さきに帰《かえ》りました。わたしもこれで、失礼《しつれい》します。みなさん、さようなら！」

こうして、ダッポは首《くび》から銅《どう》メダルをふたつさげ、おみやげの入《はい》ったスーパーの袋《ふくろ》を手《て》にして、山《やま》に帰《かえ》っていったのです。

お話《はなし》のあとで

これで、ダッポのお話《はなし》はおわりです。

そこで、クイズ。ダッポのお金《かね》はいくらのこっていたでしょう。あとで、計算《けいさん》してみてください。

ふたつの銅《どう》メダルのうち、ダッポはひとつを師匠《ししょう》のおみやげにしました。それから、手《て》ぶくろもです。

師匠《ししょう》は手《て》ぶくろのつつみのリボンをほどきながら、

「ありがとう、ダッポ。わしは、こういう黒《くろ》い手《て》ぶくろがほしかったんだ。」

といいました。

だけど、どうして、師匠《ししょう》は、手《て》ぶくろを見《み》ないうちに、なかみが黒《くろ》い手《て》ぶくろだとわかったのでしょう?

みなさん、お話《はなし》を思《おも》い出《だ》して、その理《り》由《ゆう》を考《かんが》えてください。

それから、もうひとつ、ふしぎなことがありましたね。

ダッポがはっぴをきてつれてきた友《とも》だちはだれだったのでしょう?

じつは、あれはふたりとも、ダッポがひとりでばけていたのです。だれも気《き》づきませんでしたが、歩《ある》いているときも、おみこしをかついでいるときも、ふたりはそっと手《て》をつないでいました。つまり、つながっていたのです。

ダッポは、ひとつにつながっていれば、何人《なんにん》の人間《にんげん》にも、同時《どうじ》にばけられるのです。

つながっているということは、だいじなんですねえ……。

ダッポと修行《しゅぎょう》しよう　つたえる術《じゅつ》

ダッポは、人間《にんげん》にばける術《じゅつ》の修行《しゅぎょう》を五年間《ごねんかん》もしました。ただし、うまくばけても、しゃべったときに、キツネだとばれたらたいへんです。そこで、日本語《にほんご》の勉強《べんきょう》も熱心《ねっしん》にしました。

ところが、町《まち》に出《で》て人間《にんげん》と話《はな》してみると、はらはらすることがありました。どうやら、思《おも》ったことがきちんとつたわらなかったようです。

卒業《そつぎょう》のとき、師匠《ししょう》は「あとは、じぶんで術《じゅつ》をみがくのじゃ」といいました。これは、言葉《ことば》を使《つか》って、気《き》もちをわかってもらうには、練《れん》習《しゅう》が必要《ひつよう》だということだったのですね。つま

り、気《き》もちを〈つたえる術《じゅつ》〉の修行《しゅぎょう》です。

さて、みなさんは、生《う》まれたときから日本語《にほんご》を耳《みみ》にして、今《いま》ではじょうずに話《はな》しています。でも、うまく気《き》もちをつたえていますか？

人間《にんげん》は、ひとりひとり考《かんが》えがちがいます。だから、みんながじぶんの気《き》もちを、きちんと口《くち》に出《だ》さないと、たがいにわかりあえません。

こうしてほしいと思《おも》っていても、あいてにつたわらなければ、手《て》つだってもらえません。いいことを考《かんが》えていても、声《こえ》に出《だ》さないと、せっかくのアイデアがむだになってしまいます。

そこで、気《き》もちをつたえるための術《じゅつ》が、だいじになります。これからダッポといっしょに、つたえる術《じゅつ》の修行《しゅぎょう》をしていきましょう。

「よし、こんどはつたえる術《じゅつ》を身《み》につけるぞ」

一《いち》の修行《しゅぎょう》——あいさつで、つたえる

どきどきして人間《にんげん》の社会《しゃかい》に出《で》てきたダッポは、はじめて会《あ》った人《ひと》にあいさつされて、ほっとしました。人間《にんげん》のなかまと思《おも》ってもらえたからですね。

「おはよう」「こんにちは」「さようなら」などのあいさつは、きまったひとつの言葉《ことば》です。もともとの意味《いみ》を、いちいち考《かんが》えながら使《つか》う人《ひと》はあまりいません。

きまったあいさつを口《くち》にするだけで「わたしたちは同《おな》じ言葉《ことば》を話《はな》すなかまです」「わたしは今《いま》、あなたのことを考《かんが》えています」と、あいてに知《し》らせることができます。

また、何《なに》を話《はな》していいのかわからないときで

「あいさつは、べんりなものだ」

も、あいさつだけしておけば、「あなたを、むししていません」という気《き》もちがつたわります。

ぎゃくに、あいさつをしないと、どうなるでしょう？

あいては、「今日《きょう》は、人《ひと》と話《はなし》をする気分《きぶん》でないのかな？」とか、「じぶんは、きらわれているのかな」などと、考《かんが》えるかもしれません。

あいさつをすることは、あたりまえの習慣《しゅうかん》と考《かんが》えられています。だから、あいさつがないと、あいては心配《しんぱい》になったり、がっかりしたりするのです。

使《つか》えばべんりで、使《つか》わないとこまったことになる。あいさつって、おもしろい言葉《ことば》ですね。

どうして、「こんにちは」があいさつになったの？

ひるま、よその家《いえ》にいったときや、外《そと》で人《ひと》に会《あ》ったときには、「こんにちは」とあいさつをしますね。この「こんにちは」という言葉《ことば》は、どうしてあいさつに使《つか》われるようになったのでしょうか？

「こんにちは」の「こんにち」は「今日《こんにち》」、つまり「きょう」という意味《いみ》です。もともとは、人《ひと》に出会《であ》ったとき、「今日《こんにち》はごきげんいかがですか」「今日《こんにち》はよいお日和《ひより》で」などと、その日《ひ》のことについて話《はな》していました。そのうちに、あとにつづく言葉《ことば》をいわずに、「こんにちは」だけをあいさつとして使《つか》うようになったのです。

同《おな》じように、「さようなら」も、「然様《さよう》ならば（そういうことならば）、ごきげんよう」「然様《さよう》ならば、のちほど」などの、あとの部分《ぶぶん》をいわなくなってできたあいさつです。

あいさつクイズ〈世界《せかい》の国《くに》で「こんにちは」〉

下《した》にならんでいるのは、さまざまな国《くに》で使《つか》われている、「こんにちは」というあいさつです。言葉《ことば》とそれが使《つか》われている国名《こくめい》を、くみあわせてください。
★答《こた》えはこのページの下《した》。

①アンニョンハセヨ

②サラーム

③ボンジュール

④カリメェラ

⑤ナマステ

⑥ミンガラバー

⑦ボアタルデ

㋐ギリシャ	㋑ブラジル、ポルトガル	㋒韓国《かんこく》
㋓インド	㋔イラン	㋕フランス
㋖ミャンマー		

答《こた》え：①-㋒　②-㋔　③-㋕　④-㋐　⑤-㋓　⑥-㋖　⑦-㋑

二《に》の修行《しゅぎょう》──お礼《れい》やおわびをつたえる

「ありがとう」「ごめんなさい」「すみません」などは、何《なに》かをしてもらったときや、あいてに悪《わる》いことをしてしまったときに、使《つか》う言葉《ことば》です。

口《くち》にすると、あいてにかりていたものを、かえしたような気分《きぶん》になり、すっきりします。でも、そのときにいいそびれると、あとでいうのは気《き》が引《ひ》けてしまうかもしれません。

いいそびれたときには、「さっきは、ありがとう」というふうに、「さっきは」をつけてみてはどうでしょう？　つたえるのがおそかったとしても、そのときに感《かん》じた気《き》もちにかわりはないのですから。

また、「あやまりたいけれど、意地《いじ》をはって

しまう」「お礼《れい》をいいたいけれど、なんとなくはずかしい」――そんな理由《りゆう》で、だまってしまうこともあるでしょう。

　でも、まよっているなら、思《おも》いきって口《くち》にしたほうがいいですよ。お礼《れい》やおわびは、たったひとことで、たがいのもやもやした気《き》もちを、すっきりさせてくれる、べんりな言葉《ことば》です。

　ただし、やたらと使《つか》うと、「ほんとうに、そう思《おも》っているのかな？」とうたがわれてしまいます。また、「ごめんなさい」というと気《き》もちよくなかなおりできますが、悪《わる》いと思《おも》っていないのに、むりにいう必要《ひつよう》はありませんよね。

　このような、きまった言葉《ことば》は、気《き》もちとぴったりあったときこそ、役《やく》に立《た》つものです。

アンケート〈なかなおり大作戦《だいさくせん》〉

みなさんは、どんなふうになかなおりしているのでしょうか？　アンケートでは、「すぐあやまる派《は》」と「なんとなくなかなおり派《は》」に分《わ》かれました。

♥すぐあやまる派《は》

すぐに「ごめんね」という。

あやまって、ゆるしてくれなかったら、縁《えん》を切《き》る。

「ごめんね」っていうと、あいても「ごめんね」っていってくれる。

「ごめん」といったほうが、気《き》もちが楽《らく》になる。

じぶんが悪《わる》いときには、すぐにあやまる。

あいてがないてしまったら、とにかくすぐに「ごめんなさい」という。ないていないときには、「なんとなくなかなおり派《は》」。

ゆるしてくれるまで、頭《あたま》を下《さ》げまくる。

♥なんとなくなかなおり派《は》

たいしたけんかじゃないし、つぎの日《ひ》には、わすれちゃう。

あいてをわらわせるようなことをいうと、なかなおりできる。

何《なに》もなかったように、ふつうにしていると、またもとどおりになる。

いつもと変《か》わらないようにする。

自然《しぜん》にとけこんでいく。

ちょっとしたけんかは、なんとなくなかなおりしてしまうことも、多《おお》いようです。ほかに、「人《ひと》のいないところで、話《はな》しあいをする」「あいても悪《わる》いときには、『ぼくも悪《わる》いけど、きみも悪《わる》いところがあるんじゃない？』といってみる」など、よく話《はな》しあってから、なかなおりをする、という人《ひと》もいました。

じぶんが悪《わる》いときには、あやまらないといけませんが、そうじゃないと思《おも》うときには、話《はな》しあってみるのもいいことですね。

三《さん》の修行《しゅぎょう》——つたえて、なかまをふやす

さて、つぎは、少《すこ》しむずかしい言葉《ことば》について考《かんが》えます。それは、いっしょにやろうという、よびかけの言葉《ことば》です。

ひとりでぽつんといる人《ひと》を、なかまにさそいたいときや、じぶんが、みんなのなかまに入《はい》りたいとき、みなさんはどうしますか？

「いっしょにやろう」「まぜて」「おいでよ」などという言葉《ことば》が、自然《しぜん》に出《で》てくればいいですね。あいてが、声《こえ》をかけられるのを待《ま》っていたなら、すぐになかまになれそうです。

でも、口《くち》にするのを、少《すこ》しまよってしまう人《ひと》も、いるかもしれません。そういう人《ひと》は、「かってにさそったら、みんなに反対《はんたい》されてし

まうかな？」「ことわられたら、きずつくな」などと、こわがっているのでしょう。ほかの人《ひと》の心《こころ》の中《なか》は、見《み》えないから不安《ふあん》ですよね。

だからこそ、まずは、じぶんの気《き》もちをつたえてみてはどうでしょう。それがきっと、たがいをわかりあう一歩《いっぽ》になります。勇気《ゆうき》を出《だ》して、声《こえ》をかけてみませんか？

たとえば、いきなりさそったり、たのんだりせずに、話《はな》すきっかけをつくるという方法《ほうほう》もありますよ。「何《なに》してるの？」「だいじょうぶ？」などと、話《はな》しかければ、あいてのようすがわかります。

そうして一度《いちど》、声《こえ》を出《だ》すと、つぎの言葉《ことば》は、ふしぎとすんなりと出《で》てくるものです。

アンケート〈友《とも》だちになろうよ〉

学校《がっこう》では、クラスがえがあったり、転校生《てんこうせい》が入《はい》ってきたりして、今《いま》まで知《し》らなかった人《ひと》と同《おな》じクラスになることがありますね。また、ならいごとでも、新《あたら》しい人《ひと》が入《はい》ってくることがあります。そんなとき、みなさんは、どうやって友《とも》だちになっていますか？　うまく友《とも》だちになる作戦《さくせん》は、あるのでしょうか？

最初《さいしょ》は、おもしろいことをいってわらわせる。たとえば、いきなり「アロハ～」とか。そうしたら、話《はな》しやすくなるよ。

「あそぼうよ」って話《はな》しかける。

とにかく元気《げんき》に動《うご》きまわって、じぶんをアピールする。

なんとなくいっしょに遊《あそ》んでいるうちに、なかよくなってるよ。

あいてが立《た》ち上《あ》がったときに、よっていって話《はな》しかける。

名前《なまえ》をきいたりして、話《はな》しかける。

男《おとこ》どうしは、すぐになかまになれる。最初《さいしょ》は、「やあやあ」って声《こえ》をかけて、自己紹介《じこしょうかい》をおたがいにして、マンガとかアニメの話《はなし》をしてみるんだ。

「ちょっと、はずかしいんだよね」

じぶんから話《はな》しかけにいく人《ひと》が多《おお》いようですが、話《はな》しかけられるのを待《ま》っている人《ひと》もいるようですね。

アンケート〈うれしかった言葉《ことば》〉

まわりの人《ひと》に声《こえ》をかけてもらって、うれしかったことは、どんなことでしょうか？

友《とも》だちが、「がんばれ」とおうえんしてくれた。

友《とも》だちが、「元気出《げんきだ》してよ」といってくれた。

書初《かきぞ》めが黒板《こくばん》にはられたら、みんなが「すげー」といった。

サッカーの試合《しあい》で、「ナイス！」「すごいな」とチームメイトにいわれた。

先生《せんせい》におこられて、おちこんでいたら、友《とも》だちが「気《き》にしなくてもだいじょうぶ。こんど直《なお》せばだいじょうぶだから」といってくれた。

友《とも》だちとけんかしたあとで、おかあさんが「あんたはとてもいい人間《にんげん》なの！」といってくれた。

学校《がっこう》であったことを家《いえ》で話《はな》したら、「よかったね」「すごいね」といわれた。

元気《げんき》がないとき、友《とも》だちが、「どうしたの？」と心配《しんぱい》してくれた。

けがをしたときに、友《とも》だちが「だいじょうぶ？」と心配《しんぱい》してくれた。

てつだってあげたら、友《とも》だちが「ありがとう」といってくれた。

テストの日《ひ》に、おかあさんが「がんばって！」といってくれた。

先生《せんせい》が「やさしいね」といってくれた。

友《とも》だちが、「いっしょにあそんでくれて、ありがとう」といってくれた。

友《とも》だちのことでなやんでいたら、「じぶんはじぶん。悪口《わるくち》をいう人《ひと》なんか、気《き》にするな！」といわれた。

図工《ずこう》の作品《さくひん》を、友《とも》だちが「うまいね」といってくれた。

四《よん》の修行《しゅぎょう》――ちゃんとつたわったかな？

最後《さいご》は、「たがいにわかりあえていないかも？」と心配《しんぱい》なときに使《つか》う言葉《ことば》です。

じぶんは、気《き》もちをきちんとつたえたつもりでも、あいてが、ちがう意味《いみ》にとっていることがあります。そうなると、どれだけ話《はなし》をしても、たがいにわかりあうことができません。

あいてのうけこたえが、おかしいなと思《おも》ったら、「なんで？」「どういうこと？」と、きいてみたほうがいいかもしれません。

言葉《ことば》を口《くち》にするだけでは、つたわったとはいえないのですね。あいてが、しっかりうけとめ、わかってくれることが大切《たいせつ》です。

クイズ〈それはどんな気《き》もち？〉

昔《むかし》の人《ひと》たちは、どんな言葉《ことば》を使《つか》って、気《き》もちをあらわしていたのでしょうか？　イラストをヒントにして、昔《むかし》の言《こと》葉《ば》と意味《いみ》を、くみあわせてください。
★答《こた》えはこのページの下《した》。

意味《いみ》

㋐はずかしい、てれくさくておちつかない
㋑思《おも》いどおりにならなくてざんねんだ
㋒いやだ、わずらわしい
㋓気《き》もちよい、たのしい

答《こた》え：①-㋓　②-㋐　③-㋒　④-㋑

アンケート〈うわ、やっちゃった！〉

友《とも》だちのまえではかっこよくしていたい、と思《おも》っていますか？　でも、ときには思《おも》いもしないことをいってしまったり、やってしまったりすることがありますね。それは、だれにでもあることですから、気《き》にすることはありません。見《み》ている友《とも》だちが、かえって親《した》しみをもってくれるかもしれませんよ。

雪《ゆき》だるまの形《かたち》につくったねんどの人形《にんぎょう》を、発表《はっぴょう》するときにはこんでいたら、きんちょうして足《あし》がふるえて、人形《にんぎょう》の頭《あたま》が「ゴトン」とおちた。

サッカーをしていて、ボールが顔《かお》にあたった。いたかった。

ちらかっている部屋《へや》を、友《とも》だちに見《み》られた。

ふざけていたら、先生《せんせい》に「うしろに立《た》ちなさい」とおこられた。

運動会《うんどうかい》の応援団《おうえんだん》で、おどりをわすれてボーっと立《た》ってしまった。

授業《じゅぎょう》のおわりのあいさつで、「おわります」というときに、「ごちそうさま」といっちゃった。

学校《がっこう》の劇《げき》の練習《れんしゅう》で、小道具《こどうぐ》をわすれてあわててしまい、「絵《え》がないんですー」と何度《なんど》もいってしまった。

〈つたえる術《じゅつ》〉の三《みっ》つのコツ

1 つたえるときは、おちついて

ダッポはイヌに、らんぼうなイヌ語《ご》で話《はな》しかけられ、じぶんもつい、らんぼうにかえしてしまいました。

たとえば、友《とも》だちとけんかしたあと、そのまますぐえにすわって、宿題《しゅくだい》ができるでしょうか？ むしゃくしゃした気《き》もちでは、漢字《かんじ》もおぼえられないし、計算《けいさん》だってできませんよね。

気《き》もちをつたえるときにも、かっとなっては、うまくいきません。あいてにわかってもらうためには、よく考《かんが》えて、言葉《ことば》を整理《せいり》する必要《ひつよう》があるからです。

「術《じゅつ》をみがくための３つのコツを、おぼえておこう」

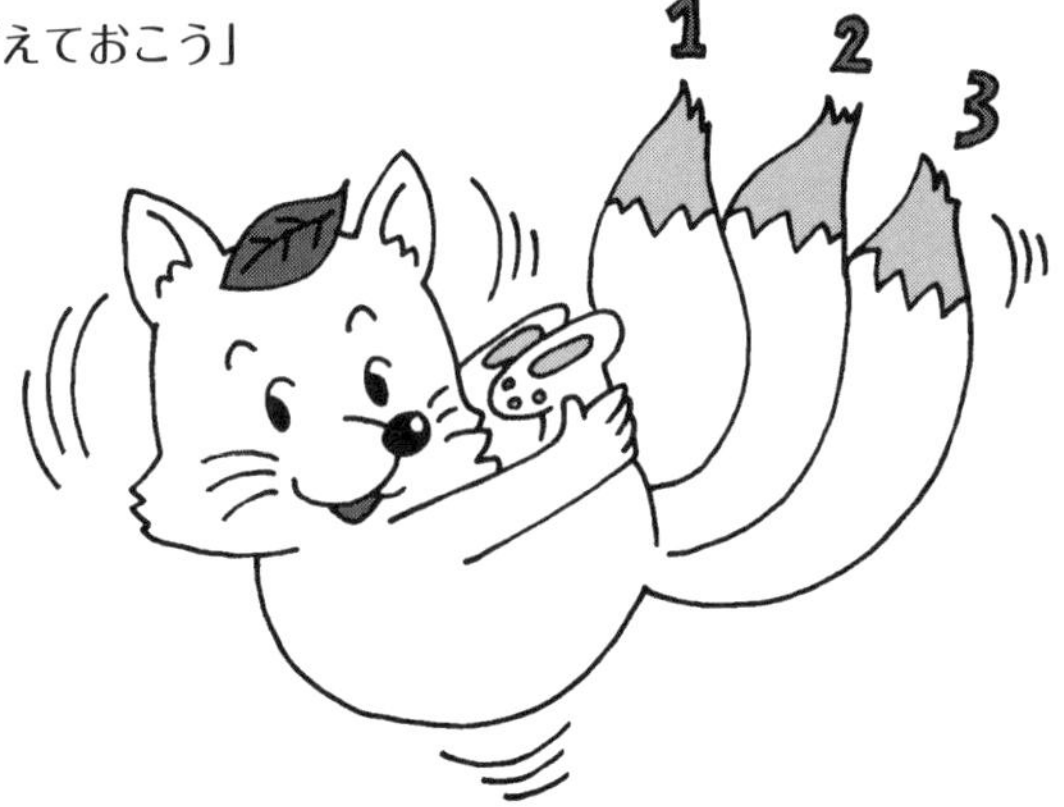

それに、こちらが静《しず》かに話《はなし》をすれば、あいても、自然《しぜん》とおちついてきいてくれますよ。

2 あいての話《はなし》をきこう

いいたいことがたくさんあると、どうしてもじぶんばかりが話《はな》してしまいますよね。

でも、もう一度《いちど》考《かんが》えてみてください。気《き》もちをつたえることは、どうしてだいじなのでしょう?

それは、ひとりひとりがじぶんの考《かんが》えを教《おし》えあうことで、たがいのことがわかるから。

つまり、だれかが、ひとりでかってに話《はなし》をするのでは、意味《いみ》がないということです。人《ひと》の話《はなし》もきかないといけないのですね。

それに、人《ひと》の話《はなし》をきくと、いいことがありま す。それは、じぶんが気《き》づかなかった見方《みかた》を、教《おし》えてもらえることです。

ひょっとして、友《とも》だちの話《はなし》をきいているうちに、これまでなやんでいたことの、答《こた》えが見《み》つかるかもしれませんよ。

3 〈常識《じょうしき》〉のちがいを考《かんが》えよう

ダッポは、キツネだとわかってしまうことを心配《しんぱい》していました。そのため、へんなやつと思《おも》われないように気《き》をつけていましたね。

それでも、江戸《えど》時代《じだい》の人《ひと》の服《ふく》を着《き》ていたために、「撮影《さつえい》ですか?」ときかれてしまいました。

今《いま》の日本人《にほんじん》にとっては、時代劇《じだいげき》のような服《ふく》は、

ふだんは着《き》ないというのが、あたりまえです。

この、あたりまえのことを〈常識《じょうしき》〉といいます。キツネの常識《じょうしき》は服《ふく》を着《き》ないことです。でも、ダッポは、人間《にんげん》の社会《しゃかい》でうまくやっていこうと、人間《にんげん》の常識《じょうしき》に合《あ》わせました。ところが、ちょっと時代《じだい》をまちがえてしまったのですね。


同《おな》じ人間《にんげん》のあいだでも、国《くに》や社会《しゃかい》、そして時《じ》代《だい》によって、常識《じょうしき》にちがいがあります。

常識《じょうしき》がちがうあいてのことは、思《おも》わず「へんなやつ」と考《かんが》えがちです。でも、気《き》をつけてください。よく考《かんが》えてみると、あいてにとっては、あなたが「へんなやつ」ということになるかもしれませんよ。

アンケート〈気合《きあ》いを入《い》れるおまじない〉

学校《がっこう》の運動会《うんどうかい》、ならいごとの試合《しあい》や発表会《はっぴょうかい》など、ひとりで、またはみんなでがんばりたい、というときに、気合《きあい》を入《い》れるためにいう言葉《ことば》や、きんちょうしないためのおまじないなどはありますか？

とにかくジャンプしまくる。

友《とも》だちとおもしろい話《はなし》をして、おおわらいする。

柔軟《じゅうなん》たいそうをしたら、きんちょうがほぐれる。

試合《しあい》のまえに、エネルギー補給《ほきゅう》のドリンクをのむ。

指《ゆび》をならして、首《くび》やかたをまわす。

心《こころ》の中《なか》で「勝《か》つぞ」と思《おも》う。

「がんばるぞ！」という。

試合《しあい》のまえに、「神《かみ》さま、おねがいします、勝《か》ちます！」と心《こころ》の中《なか》でいう。

手《て》に「人《ひと》」の字《じ》を書《か》いて、のみこむ。

手《て》に☆マークをかく。

本番《ほんばん》のときに、「練習《れんしゅう》とおなじことをする！」とじぶんにいう。

いつもとおなじようにすごす。

深呼吸《しんこきゅう》を２回《かい》くらいして、「おちつけ！」とじぶんにいう。

ほかにドキドキすることを考《かんが》える。すきな人《ひと》のこととか。

いろんな本《ほん》を読《よ》んでみよう

どうすれば、うまく気《き》もちをつたえられるのでしょう？　もしかしたら、本《ほん》の中《なか》にヒントが見《み》つかるかもしれません。友《とも》だちのことや、気《き》もちをつたえることについて書《か》かれた本《ほん》を、紹介《しょうかい》します。読《よ》んでみてくださいね。

『大力《だいりき》ワーニャの冒険《ぼうけん》』

オトフリート・プロイスラー作《さく》　堀内誠一《ほりうちせいいち》絵《え》　大塚勇三《おおつかゆうぞう》訳《やく》　瑞雲舎《ずいうんしゃ》

ワーニャは、なまけものの若者《わかもの》なのに、いつか皇帝《こうてい》になると予言《よげん》されます。そのためには、7年間《ねんかん》、だれとも話《はなし》をしないで、力《ちから》をたくわえなくてはいけません。なにも知《し》らない家族《かぞく》は心配《しんぱい》したり、おこったりしています。ワーニャは、ほんとうに皇帝《こうてい》になれるのでしょうか。

『ふしぎな木《き》の実《み》の料理法《りょうりほう》』〈こそあどの森《もり》の物語《ものがたり》1〉

岡田淳《おかだじゅん》作《さく》・絵《え》　理論社《りろんしゃ》

〈こそあどの森《もり》〉にすむスキッパーは、おしゃべりがにがてな男《おとこ》の子《こ》。ある日《ひ》、ポアポアという木《き》の実《み》を手《て》に入《い》れますが、食《た》べ方《かた》がわかりません。思《おも》いきって、森《もり》のにぎやかな住民《じゅうみん》たちにききにいくことにしました。続《つづ》きが9冊《さつ》あります。

『シャーロットのおくりもの』
E・B・ホワイト 作《さく》 ガース・ウイリアムズ 絵《え》 さくまゆみこ 訳《やく》 あすなろ書房《しょぼう》
シャーロットは、農場《のうじょう》にすむクモです。友《とも》だちの子《こ》ブタをたすけるために、シャーロットは人間《にんげん》にあることをつたえようと決心《けっしん》しました。とびきりすてきな、クモにしかできない方法《ほうほう》でね。さて、どんな方法《ほうほう》だったのでしょう?

『ムジナ探偵局《たんていきょく》』
富安陽子《とみやすようこ》 作《さく》 おかべりか 絵《え》 童心社《どうしんしゃ》
いつもひまそうな、ムジナ探偵《たんてい》こと嶋雄太朗《しまゆうたろう》と源太少年《げんたしょうねん》。探偵局《たんていきょく》にもちこまれるのは、ふしぎなおねがいばかりです。今日《きょう》たずねてきた女《おんな》の人《ひと》も、どこか変《へん》なようすでした……。ちょっとした言葉《ことば》やしぐさをヒントに、ムジナ探偵《たんてい》はみごとな推理《すいり》をくりひろげます。続《つづ》きがたくさんあるので、興味《きょうみ》があったら、それも読《よ》んでみてください。

『ひかる! 1 本気〈マジ〉。負《ま》けない!』
後藤竜二《ごとうりゅうじ》 作《さく》 スカイエマ 絵《え》 そうえん社《しゃ》
4年《ねん》1組《くみ》いちハートが熱《あつ》い女《おんな》の子《こ》といったら、ひかるです。負《ま》けずぎらいのひかるは、全校《ぜんこう》ドッジボール大会《たいかい》でも、もちろん優勝《ゆうしょう》をねらいます。でも、熱《あつ》い思《おも》いがクラスのみんなにはなかなかとどきません。シリーズがあと2冊《さつ》あります。

ほかにも、こんな本《ほん》があります。

『アンソニー　はまなす写真館《しゃしんかん》の物語《ものがたり》』茂市久美子《もいちくみこ》作《さく》　黒井健《くろいけん》絵《え》　あかね書房《しょぼう》

『霧《きり》のむこうのふしぎな町《まち》』柏葉幸子《かしわばさちこ》作《さく》　杉田比呂美《すぎたひろみ》絵《え》　講談社《こうだんしゃ》

『セロひきのゴーシュ』宮沢賢治《みやざわけんじ》作《さく》　茂田井武《もたいたけし》絵《え》　福音館書店《ふくいんかんしょてん》

『ともだち』谷川俊太郎《たにかわしゅんたろう》作《さく》　和田誠《わだまこと》絵《え》　玉川大学出版部《たまがわだいがくしゅっぱんぶ》

『ぬすまれた宝物《たからもの》』ウィリアム・スタイグ作《さく》・絵《え》　金子《かねこ》メロン訳《やく》　評論社《ひょうろんしゃ》

『パディーの黄金《おうごん》のつぼ』ディック・キング＝スミス作《さく》　デヴィッド・パーキンス絵《え》
三村美智子《みむらみちこ》訳《やく》　岩波書店《いわなみしょてん》

『魔女《まじょ》のこねこゴブリーノ』アーシュラ・ウィリアムズ作《さく》　平出衛《ひらいでまもる》絵《え》　中川千尋《なかがわちひろ》訳《やく》
福音館書店《ふくいんかんしょてん》

『やかまし村《むら》の子《こ》どもたち』アストリッド・リンドグレーン作《さく》
イロン・ヴィークランド絵《え》　大塚勇三《おおつかゆうぞう》訳《やく》　岩波書店《いわなみしょてん》

『ラモーナ、明日《あす》へ』ベバリイ・クリアリー作《さく》
アラン・ティーグリーン絵《え》　松岡享子《まつおかきょうこ》訳《やく》　学習研究社《がくしゅうけんきゅうしゃ》

『ルドルフとイッパイアッテナ』斉藤洋《さいとうひろし》作《さく》　杉浦範茂《すぎうらはんも》絵《え》　講談社《こうだんしゃ》

『Two Trains―とぅーとれいんず』魚住直子《うおずみなおこ》作《さく》　あずみ虫《むし》絵《え》
学習研究社《がくしゅうけんきゅうしゃ》

術《じゅつ》をみがこう

ダッポといっしょに、気《き》もちをつたえる術《じゅつ》の修行《しゅぎょう》をしてきました。

じぶんの気《き》もちを言葉《ことば》にして、じっさいに声《こえ》に出《だ》すのは、めんどうくさかったり、はずかしかったりします。

でも、たがいに気《き》もちをつたえあうのは、だいじなことです。そうすることで、じぶんらしい、ほんとうのすがたを、みんなに知《し》ってもらうことができるからです。

しっかりと、気《き》もちをつたえられるように、これからも術《じゅつ》をみがいてくださいね。

「これからも、
〈つたえる術《じゅつ》〉に、
みがきをかけよう」

斉藤　洋（さいとう　ひろし）

亜細亜大学教授。1986年『ルドルフとイッパイアッテナ』で講談社児童文学新人賞受賞。1988年『ルドルフともだちひとりだち』（講談社）で野間児童文芸新人賞受賞。1991年「路傍の石」幼少年文学賞受賞。おもな作品に『ほらふき男爵の冒険』「白狐魔記」「アラビアン・ナイト」シリーズ（偕成社）、「なん者ひなた丸」「ナツカのおばけ事件簿」シリーズ（あかね書房）、『日曜の朝ぼくは』『テーオバルトの騎士道入門』「西遊記」シリーズ（理論社）、『ルーディーボール』（講談社）などがある。

森田みちよ（もりた　みちよ）

おもな絵本の作品に『うとうとまんぼう』『ぷてらのタクシー』（講談社）、『しりとりたぬき』『しりとりこあら』「ミニしかけ絵本」シリーズ（岩崎書店）、『がんばれ！　とびまる』「ぶたぬきくん絵本」シリーズ（佼成出版社）、おもな挿絵の作品に『ドローセルマイアーの人形劇場』（あかね書房）、『クリスマスをめぐる7つのふしぎ』『日曜の朝ぼくは』『黄色いポストの郵便配達』『夜空の訪問者』「なんでもコアラ」「いつでもパラディア」シリーズ（理論社）などがある。

キッズ生活探検団

奥澤朋美（おくざわ　ともみ）

広告代理店で宣伝活動の企画立案を手がけた後、フリーで通訳・翻訳を行う。子育て、小学校での読み聞かせを通じて、子どもの本の魅力を再認識。現在は、翻訳をする傍ら、児童書翻訳ゼミに参加。

おおつかのりこ（大塚　典子）

子どもの本好きが集まる「やまねこ翻訳クラブ」で文章鍛錬を重ね、現在は児童書翻訳に携わる。翻訳、おはなし会、絵本紹介、児童書研究などを通じて、たくさんの小さな心に本の楽しさを届けたいと奮闘中。

檀上聖子（だんじょう　せいこ）

出版社勤務等を経て、2004年に出版企画工房「本作り空sola」を立ち上げる。次世代につながる仕事、記録する仕事をしていきたい、と思っている。

「ダッポと修行しよう　つたえる術」

◆取材協力（五十音順、敬称略）
市川仁視　井原麻衣　河野太郎　近藤ありあ　近藤大貴　坂井郁斗　曽根琉生　曽根涼香　曽根翔真　手塚彩音　中尾柊也　林千裕　山口響　山口郁　横山魁度　吉井駿一　吉野瑛祐　吉野晃平

◆編集・制作：本作り空sola
中浜小織（装丁）
伊藤美保・河尻理華・檀上聖子（編集）
檀上啓治（制作）

キッズ生活探検《せいかつたんけん》　おはなしシリーズ
つたえよう　言葉《ことば》と気《き》もち
2011年11月25日　初版第1刷発行

作　斉藤洋とキッズ生活探検団
絵　森田みちよ
発行者　小原芳明
発行所　玉川大学出版部
〒194-8610　東京都町田市玉川学園6-1-1
TEL 042-739-8935　FAX 042-739-8940
http://www.tamagawa.jp/introduction/press/
振替:00180-7-26665
編集　森 貴志

印刷・製本　大日本印刷株式会社

ISBN978-4-472-05914-8 C8037 / NDC159